Bibliografische Information der Deutschen Nationalbibliothek:

Die Deutsche Bibliothek verzeichnet diese Publikation in der Deutschen National-bibliografie; detaillierte bibliografische Daten sind im Internet über http://dnb.d-nb.de/ abrufbar.

Impressum:

Copyright © 2018 GRIN Verlag
Druck und Bindung: Books on Demand GmbH, Norderstedt Germany
ISBN: 9783668771710

Dieses Buch bei GRIN:

https://www.grin.com/document/436890

Belinda Bublitz

Humboldts Sprache des Denkens und Hackers Kritik

GRIN Verlag

Bachelor-Studiengang Kulturwissenschaften Modul P4 Theoretische Kulturphilosophie

Humboldts Sprache des Denkens und Hackers Kritik

Belinda Bublitz

Inhaltsverzeichnis   **Seitenzahl**

1.0 Einleitung   1

2.0 Humboldts Verständnis von Sprache   2
   2.1 Energeia   2
   2.2 Form der Sprache   3
   2.3 Idee vom Weltbild   4
   2.4 Sprache als Organismus   7

3.0 Kritiken von Humboldt, Heidegger, Nietzsche und Wittgenstein   8
   3.1 Humboldts Kritik an Kant   9
   3.2 Kritiken an Humboldts Sprachtheorie   9

4.0 Fürsprecher der Humboldtschen Theorie   10

5.0 Aktuelle Kritiken von Schumann und Hacker   11
   5.1 Kritik von Schumann   11
   5.2 Kritik von Hacker   13

6.0 Fazit   15

1.0 Einleitung

In dieser Hausarbeit wird die sprachphilosophische Auffassung von Humboldt anhand der Aufteilung nach Energeia, Form der Sprache, Idee vom Weltbild und Sprache als Organismus[1] dargestellt, um der Frage nachzugehen, ob die Sprache das Organ des Denkens ist. Zu Humboldts Sprachauffassung ist zu sagen, dass seine Theorie zwar in vier Teile aufgeteilt werden kann, jedoch in ein und demselben Zusammenhang, als eine ganze Idee, gedacht werden muss[2]. Man kann die einzelnen Teile nicht ohne die anderen, für sich alleinstehend, betrachten, um Humboldt zu verstehen. Diese einzelnen Teile werden im weiteren Verlauf noch zu erläutern sein. Im Anschluss daran werden einige Kritikpunkte an dieser Theorie kurz dargelegt, die aus der herangezogenen Literatur hervorgingen, um aufzuzeigen welche Punkte Humboldt selbst nicht bedachte. So zum Beispiel Heidegger, Nitzsche und Wittgenstein als Vertreter eines Universalismus, allerdings gab es auch Befürworter der Humboldtschen Theorie. Auch diese werden kurz dargestellt. In neuer Zeit wurde Humboldts Position von Schumann und Hacker kritisiert. Diese Kritik wird am Ende der vorliegenden Arbeit aufgegriffen, wobei hier hauptsächlich auf die Arbeit von Schumann Bezug genommen wird, da hierin auch die Position von Hacker mit einbezogen wurde und die Position von Schumann zudem auch dem aktuellsten und neusten Stand entspricht.

Bei der Darstellung der Sprachtheorie von Humboldt, in der er der Frage nachgeht, wie die Sprache mit dem Denken und der Welt im Zusammenhang steht[3], stößt man zunächst auf die Problematik, dass Humboldt selbst in seinen Ausführungen nicht systematisch vorgeht. Eine Systematik darzustellen zeigt sich auch als sehr schwierig, weil eben für Humboldt alles mit allem in einem großen Zusammenhang steht und nicht eins auf das andere aufbaut oder daraus hervorgeht.

Im Verlauf dieser Arbeit werden auch Beispiele zur Verdeutlichung gebracht, allerdings ist es nicht immer ganz eindeutig, wo dieses Beispiel, respektive der Teil der Theorie unter der oben genannten Aufteilung, anzusiedeln ist. Hierzu wird im Text aber auf die Zugehörigkeit bzw. Verbindung zu mehreren Teilen nochmal hingewiesen.

---

[1]Coserius. Geschichte der Sprachphilosophie. Band 2. Seite 358
[2]Coserius. Ebd. Seite 358
[3]Posselt / Flatscher. Sprachphilosophie. Eine Einführung. Seite 61

1

Für die Theorie von Humboldt stellt sich zuerst die Frage, wo man mit seinen Ausführungen beginnen soll. Wo ist bei einem Reifen der Anfang? Humboldt selbst folgte, vielleicht auch daher, bei seiner Darstellung seiner Intuition[4]. Für diese Arbeit, halte ich mich an die Aufteilung, die Coserius im Band 2 seiner Geschichte zur Sprachphilosophie [5] aufnahm, da dieser Weg und die Trennung der doch zusammengehörenden Teile praktisch und didaktisch einen gewissen Sinn zu machen scheint. „Zu machen scheint" deshalb, weil, wie schon gesagt, aber um es nochmals zu betonen, diese Trennung für eine Charakterisierung nicht ausreicht[6].

2.0 Humboldts Verständnis von Sprache

In diesem ersten Teil der Arbeit wird nun die Theorie von Humboldt, aufgeteilt nach den oben schon genannten vier Teilen aufgezeigt, um Humboldts Verständnis von Sprache zu vermitteln.

2.1 Energeia

In Anlehnung an Aristoteles versteht Humboldt Sprache als Energeia, also als „Thätigkeit"[7], als das "Insgesamt der konkreten Arbeiten des menschlichen Geistes"[8], das Insgesamt ist nach Humboldt „die Gesamtheit der inneren Erscheinungen, Empfindungen und Gesinnungen"[9], eben all das, was in uns vorgeht und sich als „Schöpferische Tätigkeit in der Sprache äußern"[10] kann und damit auch zur Natur des Menschen gehört, also so auch keinen Ursprung hat. Bei Humboldt selbst liest man: „...wie es aus ihrer Natur selbst hervorgeht, der Seele in ihrer Totalität gegenwärtig..."[11]. Die Sprache ist also etwas Gemachtes. Das Gemachte hat dann den Ursprung nur im Augenblick, im immer wieder neu Gemachten als Tätigkeit des neu Erschaffenen[12]. Somit ist die Sprache also kein Ergon (Werk), das als etwas Fertiges und Ganzes uns so vorliegt, sondern eine Tätigkeit, etwas, das in zwischenmenschlichen

---

[4] Coserius, Geschichte der Sprachphilosophie. Band 2. Seite 371
[5] Coserius. Ebd. Band 2
[6] Coserius. Ebd. Band 2 Seite 359
[7] Humboldt. Sprachbau und Entwicklung des Menschengeschlechts. Seite 418
[8] Ölmüller. Philosophische Arbeitsbücher 8. Diskurs Sprache. Seite 32
[9] Humboldt. Sprachbau und Entwicklung des Menschengeschlechts. Seite 395
[10] Coserius. Geschichte der Sprachphilosophie. Band 2. Seite 358
[11] Humboldt. Sprachbau und Entwicklung des Menschengeschlechts. Seite 458
[12] Coserius. Geschichte der Sprachphilosophie. Band 2. Seite 455

Beziehungen und Unterhaltungen zum Vorschein kommt. Hier entsteht es immer wieder aufs Neue, durch die Bildung immer wieder neuer Sätze mit den uns bekannten Begriffen. Die Sprache ist eben nichts starres, festgeschriebenes, sondern wird in jedem Gespräch und immer wieder neu formuliert, den Umständen und dem Zusammenhang, in dem die Wörter benutzt werden, angepasst. Es wäre ohne Sprache schlichtweg keine verbale Kommunikation möglich, es könnte keine ausreichende Unterhaltung geführt werden, und so ist die Sprache das unverzichtbare Mittel dazu. Alles was der Mensch einem anderen Menschen mitteilen möchte, oder von ihm mitgeteilt bekommt, muss in und über Sprache kommuniziert werden.

2.2 Form der Sprache

Aristoteles Theorie, der Hylemorphismus, also das Paradigma, das besagt, dass eine Materie immer auch eine Form hat und es das eine nicht ohne das andere geben kann, lässt sich auch auf die Sprache übertragen. So hat eben zum Beispiel jeder Gegenstand (ein Teller) eine Materie (Plastik) aus der dieser gefertigt wurde und jede Masse (Plastik) eine bestimmte (Teller) oder noch wenig bestimmte (Plastik, bevor es in die bestimmende Form gegossen wird) Form.

Auf die Sprache übertragen ist demnach der Stoff das Gestaltete, also das, was in der Aussprache Gestalt annimmt, das, was gesagt wurde. Es ist mit den Worten von Coserius statisch und passiv[13] und durch die Formgebung werden daraus die Wörter und die Begriffe für die Grammatik[14] geformt. Die Gestaltung des außersprachlichen kommt durch den Wortschatz zustande. Die Wörter finden durch die Grammatik ihre Gestalt, die Grammatik wiederum durch ein bestimmtes System und dieses System wiederum durch den Sprachtypus[15]. Coserius schreibt im Weiteren sinngemäß, dass unter den formativen Tätigkeiten die Sprache die primäre Tätigkeit ist, da sie allen anderen Tätigkeiten vorausgeht[16]. Hier zeigt sich auch wieder die Problematik einer Aufteilung der Sprachtheorie von Humboldt. In dem Übergang vom Wort zur Grammatik, über ein System hin zum Sprachtypus, der der Sprache dann ihre Form gibt, der Vorgang an sich aber eben eine Tätigkeit und somit

---

[13]Coserius. Geschichte der Sprachphilosophie. Band 2. Seite 358
[14]Coserius. Ebd. Band 2. Seite 443
[15]Coserius. Ebd. Band 2. Seite 455
[16]Coserius. Ebd. Band 2. Seite 455

Energeia ist, passt dieses Beispiel sowohl zum Kapitel „Energeia" als auch zu „Form der Sprache". Es ist bei Humboldt, wie schon eingangs gesagt, alles mit allem verbunden.

Hingegen ist die Form das Gestaltende, das, was dynamisch und aktiv[17] ist und immer wieder neu formt und bei jeder neuen Unterhaltung auch wieder eine neue Form gibt, denn „ihr gleichsam todter Theil muss immer im Denken aufs neue erzeugt werde"[18]. So ist die Sprache aber auch ein Vermittler. Sie steht in der Mitte zwischen der Welt, die auf uns einwirkt (Gegenstände oder ein anderes Ich, das Du) und dem eigenen Ich. Durch den Begriff wird der Gegenstand zwischen der Außenwelt und dem Ich vermittelt. Darauf wird weiter unten, bei dem Beispiel mit dem Pferd[19], noch genauer eingegangen. Auch hier ist wieder die Verschränkung und Zusammengehörigkeit der Theorie zu bemerken, dass alles mit allem zusammengehört.

Das Wort ist also die Form des Gegenstandes und mehr noch, „Sprache ist die Form der Erfahrung des Außersprachlichen"[20]. So hat jede einzelne Sprache und die dazugehörende Grammatik auch ihre eigene mehr oder weniger bestimmte Form. Die Form lässt sich noch weiter in „innere" und „äußere" Form aufteilen. Das Konzept der „inneren Form" begegnet uns schon bei Aristoteles, der das Ding/Abbild mit den Bewusstseinsinhalten gleichsetzt, da diese für Aristoteles identisch sein müssen. Dies entspricht bei Humboldt dem Sprachbau, der diesem auch den Namen „innere Form" gab[21]. Der inneren Form gegenüber steht also die äußere Form, die die Gestaltung der lautlichen, materiellen Seite der Sprache ist[22].

2.3 Idee vom Weltbild

Über die äußere Form der Sprache können wir die Gegenstände, die uns umgeben, benennen und ihnen einen Ausdruck verleihen. Durch Sprache haben wir damit einen Zugang zur Welt. Mit Sprache haben wir aber nicht nur einen Zugang zur Welt, sondern Sprache ist der allererste Zugang überhaupt und damit fundamental, um überhaupt als Mensch in einer Gesellschaft, in der

---

[17]Coserius. Geschichte der Sprachphilosophie. Band 2. Seite 358
[18]Humboldt. Sprachbau und Entwicklung des Menschengeschlechts. Seite 438
[19]Humboldt. Ebd. Seite 559
[20]Coserius. Geschichte der Sprachphilosophie. Band 2. Seite 358
[21]Coserius. Geschichte der Sprachphilosophie. Band 1. Seite 92
[22]Coserius. Geschichte der Sprachphilosophie. Band 2. Seite 441 ff

jeweiligen Kultur bestehen zu können, denn die Sprache ist der Schlüssel zum und Schema des menschlichen Überhaupt[23]. Was bei Coserius „Idee vom Weltbild"[24] genannt wird, nennen Posselt und Flatscher, nach Humboldt, „Sprache als Medium der Welterschließung"[25]. Allerdings ist die Sprache auch „die erste nothwendige Stufe"[26], wenn es darum geht, sein eigenes Inneres zu beschreiben und so ein Selbstverständnis zu haben.

Nun ist es also so, dass die Sprache die geistige Tätigkeit subjektiv[27] darstellt. Doch wie ist das zu verstehen?

Durch den Terminus „subjektiv" wird schon gezeigt, dass es sich hier um eine höchst private Angelegenheit handelt, denn all unsere Erfahrung, ob positiv oder negativ, fließt stets in unsere Wahrnehmung (Wahrnehmungsepisode der Psychologie, die besagt, dass man „sehen" als reine Funktion von „wahrnehmen" von „erkennen" von „etwas als etwas Bestimmtes erkennen" unterscheiden muss), mal mehr und mal weniger bewusst, und in die daraus hervorgehende Deutung mit ein. Humboldt bemerkte, dass: „Die äusseren, zu allen Sinnen zugleich sprechenden Gegenstände"[28] und die Bedeutung eines Begriffs so in einem engen Zusammenhang stehen, dass man diesen nicht leicht wiedergeben kann.

Im Studienbrief Seite 72ff findet sich das Beispiel mit dem Pferd. Wir sehen ein Pferd oder einen anderen Gegenstand, und dies ist der Eindruck, also das, was in unserer Wahrnehmung dann bemerkt und als etwas Bestimmtes erkannt wird. Die Sprache übersetzt den Gegenstand für uns. In unserer Seele wird sodann das Bild vom Pferd erzeugt. Humboldt schreibt hierzu, dass nicht jeder dieselbe Vorstellung vom Pferd hat, und „Alles Verstehen ist daher immer zugleich ein Nicht-Verstehen, alle Uebereinstimmung in Gedanken und Gefühlen zugleich ein Auseinandergehen"[29]. Kant und Humboldt stimmen darin überein, dass es kein absolutes Verstehen und Erkennen geben kann[30]. Man kann sich nicht in einen anderen Menschen so hineinversetzen und man kann nicht wirklich fühlen oder wissen, was das Gegenüber bei seinen Ausführungen fühlt und was alles in die zu deutende

---

[23]Coserius. Geschichte der Sprachphilosophie. Band 2. Seite 359
[24]Coserius. Ebd. Seite 358
[25]Posselt / Flatscher. Sprachphilosophie. Eine Einführung. Seite 19
[26]Humboldt. Sprachbau und Entwicklung des Menschengeschlechts. Seite 414
[27]Posselt / Flatscher. Sprachphilosophie. Eine Einführung. Seite 71
[28]Humboldt. Sprachbau und Entwicklung des Menschengeschlechts. Seite 452
[29]Humboldt. Ebd. Seite 439
[30]Vgl. Studienbrief. Seite 74 ff

Äußerung, in den Output meines Gegenübers, mit eingeflossen ist. Hier zeigt sich auch das cartesianisch-locksche Bild an Humboldts Sprachphilosophie. Nach diesem kommt die Bedeutung eines Wortes durch eine „Idee", einen abstrakten, sinnlich nicht wahrnehmbaren Gegenstand, zu dem jeder Sprecher einen privaten Zugang hat[31]. Wir verbinden also bei dem Wort „Pferd" einige Punkte aus unserer Erinnerung, das heißt, wir assoziieren, allerdings sind die Assoziationen bei jedem von uns verschieden. Meine Tochter verbindet mit dem Wort Pferd zum Beispiel ein weißes, flauschiges Kuscheltier mit einer rosafarbenen Mähne. Ich selbst verbinde mit dem Gedanken an ein Pferd ein schwarzes Ross. Im Weiteren wird das Pferd dann wieder durch Sprache zum Objekt und damit kann das Wort auf unser Gegenüber einwirken. Bei einer Unterhaltung, bei der wir unserem Gegenüber wie hier im Beispiel das Wort „Pferd" sagen möchten, weil wir es zum Beispiel gerade über eine Wiese hoppeln sehen, bekommen wir also einen visuellen Eindruck, dieser wird aufgenommen und unsere Assoziationen erzeugen in uns ein Bild, das dann zu einem Sprachlaut wird, der wiederum von anderen aufgenommen und assoziiert werden kann und ein weiterer verbaler Laut, zum Beispiel eine Frage oder Antwort, uns entgegengebracht werden kann und so weiter und so weiter, immer im gegenseitigen Wechselspiel. Es wird also die subjektive Wahrnehmung durch Sprache zum Objekt.

Nun ist die Sprache aber niemals nur subjektiv oder objektiv, erst in der Verbindung von Mensch und Objekt, von innen und außen, verbindet die Sprache uns mit der Außenwelt. In der Verbindung wird auch durch die Sprache geprüft, ob das, was wir sagen, von anderen auch verstanden wird, so erhält der Mensch eine Bestätigung. Dadurch, dass das Wort gehört wird, wird zum einen die Objektivität gesteigert und zum anderen die Subjektivität verstärkt[32].

Humboldt definiert Sprache auch als „grundlegend als Bestimmung des Menschseins" [33] und steht somit in der erkenntnistheoretischen Betrachtungsweise im Zentrum[34], denn ohne Sprache könnten wir uns als Mensch nicht ausdrücken, nicht unsere Wünsche mitteilen, nicht unsere Kritik äußern und nicht Lob und Anerkennung anderen gegenüber ausdrücken oder dies von anderen entgegennehmen. „Der einzelne Mensch hängt immer mit

---

[31]Schumann. Sprachlicher Kulturrelativismus oder Universalismus. Seite 496/497
[32]Posselt / Flatscher. Sprachphilosophie. Eine Einführung. Seite 74
[33]Posselt / Flatscher. Ebd. Seite 63
[34]Posselt / Flatscher. Ebd. Seite 63

einem Ganzen zusammen, mit dem seiner Nation, des Stammes, zu welchem dies gehört, und des gesammten Geschlechts."[35] Und darin besteht nun auch die große Verbindung zu allen Menschen. Ein Individuum wird in eine bestimmte Kultur hineingeboren und darin erzogen und durch die jeweilige Sprache die subjektiv mit in das Objektive einfließt, erhält der Mensch so seine individuelle Weltansicht, die er mit allen Menschen teilt und die uns somit auch verbindet. Wir sind durch die Sprache mit allen Menschen verbunden. Da aber immer das Subjektive mit einfließt, besitzt eben jeder Mensch auch seine eigene, ganz individuelle Weltansicht und somit auch seine individuelle Einzelsprache. Humboldt dachte diesen Gedanken noch weiter. So hat nicht nur jeder Mensch seine eigene Weltansicht, sondern auch jede Nation und des Weiteren bringt auch jede einzelne Sprache eine jeweilige Weltansicht mit sich. Daraus zeigte sich für Humboldt, dass, wenn er eine neue Sprache erlernt, er auch eine neue Weltansicht dazugewinnt. Eine neue Weltansicht zumindest in Teilen[36], denn um die Weltansicht der neu erlernten Sprache komplett zu erhalten, müsste man in diese eben hineingeboren sein und es fließt eben immer das schon in uns vorhandene Subjektive wieder mit in die neu erlernte Sprache mit ein. So wird unsere Weltansicht also lediglich „modifiziert"[37]. Humboldt bringt auch das Beispiel, indem er anführt, dass auch jeder Schriftsteller einen eigenen Stil hat[38], um sich auszudrücken, was auch wieder die jeweilige subjektive Weltansicht wiederspiegelt[39]. Schließlich ist für Humboldt die Sprache mit dem Denken und der Welt auf so enge Weise verknüpft, dass es das eine nicht ohne das andere geben kann[40].

Das „geistige Band" das uns mit allen Menschen verbindet, entspricht dem „Geist der Menschheit" oder eben der „Idee vom Weltbild" und der „Sprache als Medium der Welterschließung".

2.4 Sprache als Organismus

Im Gegensatz zu den obigen „geistigen" Punkten, klingt bei der Überschrift „Sprache als Organismus" etwas Festes, Materielles mit ein. Das kommt

---

[35]Humboldt. Sprachbau und Entwicklung des Menschengeschlechts. Seite 408
[36]Humboldt. Ebd. Seite 434 & Posselt / Flatscher. Ebd. Seite 77
[37]Posselt / Flatscher. Sprachphilosophie. Eine Einführung. Seite 77
[38]Schumann. Sprachlicher Kulturrelativismus oder Universalismus. Seite 499
[39]Humboldt. Sprachbau und Entwicklung des Menschengeschlechts. Seite 559
[40]Posselt / Flatscher. Sprachphilosophie. Eine Einführung. Seite 72

daher, weil wir mit dem Begriff „Organismus" in unserer heutigen Umgangssprache ein Lebewesen, einen Menschen, ein Tier oder eine Pflanze assoziieren. Wir gebrauchen den Begriff in einem biologischen Sinn. Organismus kann aber eben auch nicht-biologisch bestimmt werden, nämlich als ein organisiertes System, im ganz allgemeinen Sinn. Auf die Sprache übertragen, kann man somit sagen, dass die „Sprache als Organismus" das Organisierte, das systematisch Gestaltete ist [41]. So ist für Humboldt die Sprache „das Organ des inneren Seyns"[42].

Die Sprache ist das bildende Organ der Gedanken[43] und durch die produktive Kraft der Sprache wird der wechselseitige Einfluss von Sprache, Welt und Denken deutlich [44]. Die Sprache gibt unseren Gedanken so eine Ausdruckskraft, mit der wir mit anderen in Kontakt treten können und durch den zu hörenden Ton, durch das Wort, wird unser Gedanke für andere wahrnehmbar. Unsere Vorstellung würde sonst nicht zu einem Begriff [45] werden und damit jeder Gedanke für immer nur ein Gedanke bleiben, der nur subjektiv wahrzunehmen wäre. Das Organisierte in den verschiedenen Sprachen ist die Grammatik. Eine Grammatik der deutschen Sprache entspricht nicht der der englischen oder etwa der der russischen Sprache. Auch dies würde zum Kapitel „Form der Sprache" passen.

3.0 Kritiken von Humboldt, Heidegger, Nietzsche und Wittgenstein

Kritik bekam Humboldt, wie auch schon im Exposé zu dieser Arbeit angekündigt, von vielen Seiten. Im Folgenden wird nun die Kritik von Humboldt an Kant kurz angesprochen, um zu zeigen, dass auch Humboldt kritisierte. Des Weiteren wird dann in diesem Kapitel noch die Kritik an Humboldt, die er von Heidegger, Nietzsche und Wittgenstein entgegengebracht bekam, angesprochen, um nur einige Punkte kurz anzusprechen.

---

[41]Coserius. Geschichte der Sprachphilosophie. Band 2. Seite 359
[42]Humboldt. Sprachbau und Entwicklung des Menschengeschlechts. Seite 383
[43]Posselt / Flatscher. Sprachphilosophie. Eine Einführung. Seite 73
[44]Posselt / Flatscher. Ebd. Seite 71
[45]Posselt / Flatscher. Ebd. Seite 73

3.1 Humboldts Kritik an Kant

Humboldts Sprachphilosophie stellt auch seine kritische Auseinandersetzung mit der Transzendentalphilosophie von Kant dar und kritisiert, dass die Kategorien, mit denen wir die Welt erfassen, selbst sprachlich verfasst sind[46].

3.2 Kritiken an Humboldts Sprachtheorie

Heidegger war im Gegensatz zu Humboldt, der davon ausging, dass das „Ich" das „Du" im zwischenmenschlichen Gespräch auffindet, der Ansicht, dass das „Du" in der „Antwort auf den Zuspruch des Seins"[47] zu erblicken ist[48].

Radikalisiert und kritisiert wurde die Humboldtsche Theorie auch von **Nietzsche**. Dieser griff in seiner Theorie die Rhetorik, die Redekunst, auf und rückte sie stark in den Mittelpunkt, wodurch die Sprache zum Mittel einer aktiven Weltauslegung wurde und nicht wie bei Humboldt selbst zu einem Mittel der Welterschießung[49]. So würde bei der Humboldtschen Theorie die Welt so in uns widergespiegelt, wie sie dem Eindruck nach ist. Bei Nietzsche würden wir dann den Eindruck, den wir haben, bewusst steuern und beeinflussen können. Wir könnten uns die Welt anschauen und dann daraus einen Schluss ziehen und die Welt für uns so auslegen, wie sie gerade in unser Schema passt. Bekommen zum Beispiel zwei Personen dieselbe Situation mit und würde eine dritte Person die beiden Beobachter dann hierzu befragen, so bekäme der Fragende von beiden unterschiedliche Eindrücke erzählt, was eben auch an unserer subjektiven Selektion liegt und daran, dass jeder von uns sich aus einer Situation andere Punkte herauszieht und aufnimmt.

Im Gegensatz zu Humboldt, der nach dem Zusammenhang von Welt, Sprache und Denken suchte und von einer Verschiedenheit der natürlichen Einzelsprachen ausging, suchte **Wittgenstein** nach einer formalen Theorie der Sprache, dabei ging er von einer der Sache innewohnenden Logik aus. Für Wittgenstein gibt es so auch eine allen Menschen gemeinsame Sprache, aber dennoch hängt für ihn das Denken von der Sprache ab. Diese Sprache ist rein innerlich und es gibt niemanden, der diese Sprache sprechen könnte,

---

[46]Posselt / Flatscher. Sprachphilosophie. Eine Einführung. Seite 257
[47]Posselt / Flatscher. Ebd. Seite 191
[48]Posselt / Flatscher. Ebd. Seite 191
[49]Posselt / Flatscher. Ebd. Seite 79

aber dennoch muss eben eine solche als angeboren vorausgesetzt werden[50]. Das System Sprache braucht eine allen Menschen gemeinsame Grundlage auf der es aufgebaut werden kann. Wittgenstein ist auch der Meinung, dass es keine absolute Bedeutungsfestlegung von Begriffen geben kann, denn diese ergibt sich aus dem Zusammenhang und somit aus dem Gebrauch[51]. Zudem bringt Wittgenstein noch das Argument, dass ein Symbol, also etwas, das für etwas steht, auch falsch gedeutet werden kann, denn ein Gedanke ist nur die letzte Interpretation[52], ein sprachliches Zeichen nur ein Geräusch, das eben die Bedeutung im Gebrauch hat[53]. Außerdem wird auch die Bedeutung eines Begriffs wieder mit Wörtern, also Begriffen erklärt, für die wiederum eine Erklärung notwendig sein wird und dies setzt sich so fort[54][55]. Hier stellt sich nun als Letztes die Frage, was es für die Bedeutung der Bedeutung bedeutet, wenn die Bedeutung der Bedeutung nicht ausreichend bedeutet werden kann.

4.0 Fürsprecher der Humboldtschen Theorie

Allerdings gab es nicht nur Kritik, sondern auch Vertreter, die Humboldts Theorie unterstützten. So zum Beispiel **Chomsky**, der einen Grund für die Annahme einer allen zugrundeliegenden Sprache darin fand, dass Kinder mit einer rasanten Geschwindigkeit und Präzision die Worte erwerben und es darum auch keinen anderen Schluss geben kann, als dass das Kind bereits vor dem Spracherwerb über Begriffe verfügt[56]. Ebenso plädiert **Fodor** für ein „Mentalesisch", eine Sprache, die zwar von keinem gesprochen oder verstanden werden könne, eben eine angeborene, nicht erworbene Sprache des Denkens. Sein Hauptargument besteht nun darin, dass man, um eine Sprache zu lernen, schon über eine Sprache verfügen muss, um die Regeln der zu erlernenden Sprache auch anwenden zu können[57].

---

[50]Schumann. Sprachlicher Kulturrelativismus oder Universalismus? Seite 490
[51]Schumann. Sprachlicher Kulturrelativismus oder Universalismus? Seite 494
[52]Schumann. Ebd. Seite 505
[53]Schumann. Ebd. Seite 505
[54]Schumann. Ebd. Seite 494
[55]Wittgenstein 1984 §68
[56]Schumann. Ebd. Seite 504
[57]Schumann. Ebd. Seite 504 & Fodor 1975, Seite 82

5.0 Aktuelle Kritiken von Schumann und Hacker

Um auch aktuelle Kritik aufzuzeigen, wird nun in diesem Kapitel die Kritik von Schumann und Hacker noch aufgegriffen.

5.1 Kritik von Schumann

Schumann kritisiert in seinen Ausführungen zum Universalismus und Kulturrelativismus sowohl Humboldt, als Vertreter des Relativitätsprinzips, als auch dessen Kritiker Wittgenstein, als Vertreter einer universalistischen Ansicht und schreibt, dass beide Positionen nicht hinreichend empirisch belegt sind und beide daher auch keinen Sinn machen, zumal den Theorien eine falsche Prämisse, nämlich die, dass Sprache ein Medium des Denkens ist, zugrunde liegt[58].

Zu Humboldts Sprachrelativismus greift Schumann den Begriff auf, der nicht einer Sprache angehört, sondern bestenfalls kann ein Wort einer Sprache angehören. So kann ein Wort zum Beispiel vom Englischen ins Deutsche sinngemäß übersetzt werden[59]. So würde ein Engländer, wenn er Hilfe braucht, fragen: „Can you give me a hand?". Wortwörtlich übersetzt würde man im Deutschen dann sagen „Kannst du mir eine Hand geben?", was natürlich unsinnig wäre, da dies heißen müsste, dass sich jemand seine Hand abhacken würde, um seine Hand dann herzugeben. Aber sinngemäß übersetzt können wir sagen „Kannst du mir helfen?" oder „Kannst du mir zur Hand gehen?". Hier sieht man auch wieder wie bei Wittgenstein, dass ein Begriff seine Bedeutung durch den Gebrauch erhält. So ist es schließlich auch bei Begriffen, die zweierlei Dinge bezeichnen, zum Beispiel Schloss (an der Tür oder als Gebäude) oder Absatz (am Schuh, im Text) oder auch Ball (als Tanzveranstaltung oder zum Spielen). Auch hier erhält der Begriff, seine Bedeutung erst im Gebrauch. Ebenfalls stellt Humboldts Ausnahme, dass die unsinnlichen Gegenstände der formalen und der empirischen Wissenschaften ohne Bedeutungsverlust übersetzt werden, eine Inkonsistenz dar. Denn konstruierte Begriffe werden wissenschaftlich weitaus präziser, nicht wie in der Alltagssprache, sondern eben in einer expliziten Verabredung, gebraucht[60]. Es

---

[58]Schumann. Sprachlicher Kulturrelativismus oder Universalismus? Seite 490
[59]Schumann. Ebd. Seite 493
[60]Schumann.Ebd. Seite 498

macht hier der Kontext der Gesprächssituation die Bedeutung klar und nicht irgendein geheimnisvolles Inneres, auf das nur spekuliert werden kann[61].

Weiter zeigt Schumann auf, dass Humboldts Beispiel mit dem Pferd (Vgl. 2.3) ein Selbstwiderspruch ist. Wenn Humboldt meint, dass Assoziationen zum Begriffsverständnis beitragen, dann scheint dies doch schlichtweg falsch zu sein, denn Assoziationen sind nun mal verschieden und zudem tragen diese auch nichts zum Verständnis derselben bei. Was meine Tochter mit dem Wort Pferd verbindet, ist völlig irrelevant für meine Vorstellung/Assoziation vom Pferd, denn diese sagen eben auch nichts über die Bedeutung aus. Aber dennoch haben alle denselben Begriff vom Pferd und können einander im Gespräch verstehen. Zudem haben wir bei den meisten Wörtern sowieso keinerlei Empfindungen und dann auch keine stetigen[62]. Somit ist die Bedeutung eines Begriffs erstens irrelevant und zweitens nicht absolut bestimmt und festgeschrieben. Schumann stellt sodann die Frage, was denn die Bedeutung von „Pferd" sei und weist darauf hin, dass zum Beispiel eine wissenschaftliche Definition keinen Sinn macht, wenn einem Kind erklärt wird, was ein Pferd ist. Hingegen gebraucht ein Wissenschaftler die Begriffe weitaus definierter, da dieser damit eine gesetzesartige Aussage aufstellen möchte. Damit hängt die Präzision, in der der Begriff benutzt wird, wieder vom Gebrauch ab.

Auch das Konzept der „Idee", nachdem erst durch die innere Vorstellung das Wort seine Bedeutung erhält, zieht Kritik auf sich. Denn einen Begriff gebrauchen wir nicht als Bezeichnung für einen Gegenstand. Der Terminus Begriff bezeichnet, dass wir einen Begriff von etwas haben[63]. Auch die Unterscheidung zwischen numerischer und qualitativer Identität hat bei Begriffen keinen Sinn, da es davon abhängt, wovon sie Begriffe sind. Schumann schreibt in Anlehnung an Hacker weiter, dass wir einen Begriff vom Pferd haben, wenn wir den Gebrauch des Ausdrucks einer Sprache beherrschen[64] und uns dadurch über etwas mit anderen unterhalten können.

Um das Beispiel mit dem „Schriftsteller" nochmal aufzugreifen, da auch dieses zu kritisieren ist, lässt sich dazu einwenden, dass zwar jeder Schriftsteller seinen eigenen Stil hat, um sich in der Sprache auszudrücken, aber auch

---

[61]Schumann. Sprachlicher Kulturrelativismus oder Universalismus? Seite 498
[62]Schumann. Ebd. Seite 493
[63]Schumann. Ebd. Seite 497/498
[64]Schumann. Ebd. Seite 498 &Hacker. Seite 384

nicht mehr. Die Schriftsteller haben keine wirklich andere Sprache. So wie auch der bayerische Dialekt keine andere Sprache ist. Auch stellt es einen Wiederspruch zu der Annahme dar, wonach es Einzelsprachen nicht geben kann, denn die Sprache ist kein freies Erzeugnis, sondern das einer Nation[65]. Und eine Einzelsprache würde dann auch keiner verstehen, da es ja keinen zweiten gäbe, der diese Sprache dann spricht. Als Gegenargument kann angebracht werden, dass man von einer Sprachgemeinschaft ausgehen muss, weil die Objektivität erst gegeben ist, wenn ich meine Gedanken außerhalb von mir entdecke und das kann nur in einem anderen denkenden Individuum geschehen[66].

Aber auch Humboldt selbst hatte in seiner Theorie einen Widerspruch, ein „sich nicht festlegen können". So liest man bei Schumann weiter, dass sich sowohl Relativisten als auch Universalisten bei der „Mitte aller Sprachen" auf folgende Thesen berufen. Zum einen, dass es eine Menge an Begriffen gibt, die individuell mit einer Sprache verbunden und nicht übersetzbar sind, und zum anderen, dass es manche apriori Bedingungen von der Sprache getrennt geben muss. Dem gegenüber steht dann auf der Seite der Universalisten, dass es eine allen Menschen gemeinsame Sprache gibt. Über einen Vergleich der unterschiedlichen Sprachen gelangt man so zu einer „Mitte"[67].

Aber auch Fodors Argument kann man wieder kritisieren. Schumann schreibt hierzu, dass, wenn es ein Mentalesisch geben würde, diesem dann ein Meta-Mentalesisch vorrausgehen müsse und es würde auch bedeuten, dass man immer wieder eine Regel für die Regel der Regel der Regel benötigen würde, um die Regel zu verstehen, was absurd ist und im Unendlichen enden würde[68]. Schumann verweist an dieser Stelle auch auf die Kritik von Hacker, nach der ein Gedanke keine Repräsentation der Umwelt ist.

5.2 Kritik von Hacker

Zu den oben angeführten Kritiken, wie z. B. die, die unter dem Punkt der „Idee" bei der Kritik von Schumann schon dargestellt wurde, hat Hacker im Weiteren kritisiert, dass die Sprache ein Medium des Denkens sei. Gedanken

---

[65]Schumann. Sprachlicher Kulturrelativismus oder Universalismus? Seite 499
[66]Schumann. Ebd. Seite 499
[67]Schumann. Ebd. Seite 503/504
[68]Schumann. Ebd. Seite 504

sind aber keine Repräsentationen der Umwelt[69]. So liest man weiter, dass eine Repräsentation zum Beispiel ein Bild von etwas, z.B. von einem Pferd oder auch ein aufgeschriebener oder ausgesprochener Aussagensatz eine Repräsentation einer Tatsache ist, aber nicht ein Gedanke, denn eine Repräsentation braucht immer auch ein Medium, ohne das es sonst keine Repräsentation geben würde. Das Medium im Falle eines Bildes wäre dann die Farbe und das Blatt, durch das die Repräsentation erst ausgedrückt werden kann. Gedanken aber sind eben keine Repräsentationen, sondern nur Botschaften, aber kein Medium. Durch die Introspektion scheint es uns so, als ob Sprache ein Medium sei. Allerdings ist dies ein Missverständnis: Es ist nicht so, dass wir unsere Gedanken selbst lesen oder uns selbst zuhören, wenn wir überlegen oder über etwas nachdenken. Wir stehen nicht neben uns und hören uns zu, wie wir einem anderen Gegenüber am Telefon zuhören. Denken hat also kein Medium, weder gibt es eine LOT (Language of Thought - Sprache der Gedanken), noch gibt es natürliche Einzelsprachen. Unsere Gedanken werden zwar im Medium Sprache ausgedrückt, aber Denken ist keine innere bestimmte Tätigkeit. So ist das „im Denken sprechen"[70] eine weder notwendige noch hinreichende psychologische Begleiterscheinung, sondern eine Emergenz, die eben aus den Einzelteilen des Gesamtsystems nicht vorhersehbar ist. Wir können einer anderen Person „Denken" auch nur über das äußere, für uns wahrnehmbare Verhalten zuschreiben, das auch wiederum aus der Gesamtsituation und damit aus dem Gebrauch zugeschrieben wird. Auch wird hier dadurch klargestellt, dass das Denken nicht mit dem Sprechen in Zusammenhang steht, weil vieles, was wir denken, nicht sprachlich verfasst wird und auch Kinder Probleme lösen können und Überzeugungen haben und eben nur das, was eine Person sagt, darauf hindeutet, was oder dass sie gedacht hat[71]. Und so sind die Grenzen sinnvollen Zuschreibens von Denken, die Grenzen des Spektrums an Verhaltensweisen, die dieses Denken ausdrückt[72][73].

---

[69]Schumann. Sprachicher Kulturrelativismus oder Universalismus? Seite 505 & Hacker 2013, Seite 387 ff

[70]Schumann. Sprachlicher Kulturrelativismus oder Universalismus? Seite 506
&Hacker 391 371 ff

[71]Schumann. Ebd. Seite 507

[72]Schumann. Ebd. Seite 507

[73]Hacker. The Intellectual Powers. Seite.392

6.0 Fazit

Auch wenn einige Teile, wie zum Beispiel der Teil über Grammatik und Syntax, der Theorie von Humboldt, in der er der Frage nachging, wie die Welt mit dem Denken und der Sprache im Zusammenhang steht, weiter hätten ausgeführt werden können, musste, um im Rahrnem von 15 Seiten zu bleiben, leider darauf verzichtet werden. Die Theorie von Humboldt gab durch die Jahre hindurch immer wieder Anlass zu Kritik, aber auch Anstoß, um diese weiter zu entwickeln und so auch einen Grundstein zur hermeneutischen Wende zu legen, auch wenn dies nicht Humboldts Absicht war. Die angeführten Teile und Argumente von Humboldts Theorie konnten jedoch mit den Gegenstimmen, die weitaus mehr Sinn machen, entkräftet werden. Es konnten mit den Kritiken Schwachstellen aufgezeigt werden, die Humboldt in seiner Theorie nicht bedachte und nicht mit einbezog. Spannend wäre eine Antwort von Humboldt auf die ihm gegengebrachten Argumente. Vor allem aber hat Hacker mit seiner Kritik gezeigt, dass Sprache eben nicht das Medium des Denkens ist, sondern Gedanken nur im Medium Sprache ausgedrückt werden. So wie nicht die Farbe, mit der wir ein Bild malen, der gemalte Gegenstand selbst ist. Wenn einer Forschungsfrage die falsche Frage zugrunde liegt, dann kann keine allgemeinverbindliche Antwort daraus hervorgehen. Um die Frage zu beantworten, ob die Sprache das Organ des Denkens ist, kann diese eindeutig mit einem Nein beantwortet werden. Allerdings wird weiterhin noch Forschung von Nöten sein, um zu zeigen, ob und wie die Sprache mit dem Denken und der Welt im Zusammenhang steht. Schumann und Hacker sind wohl auf einem guten Weg dorthin. Meiner Meinung nach sollte allerdings die Wissenschaft sich wieder mehr zusammenschließen. Wir fahren mit unserem Auto ja auch nicht in die eine Werkstatt, um die Reifen wechseln zu lassen und in eine andere, um den Keilriemen austauschen zu lassen. So sollte es auch bei der Wissenschaft im Allgemeinen wieder eine Rückbesinnung geben, um so fachübergreifend vielleicht eher zu einer wirklichen Aussage zu kommen, die dann auch Bestand haben könnte und als allgemeinverbindlich so angenommen werden könnte.

Literaturverzeichnis

Primärquellen

Humboldt, Wilhelm von: Schriften zur Sprachphilosophie. Flitner, Andreas und Giel, Klaus. Darmstadt: Wissenschaftliche Buchgesellschaft 1963. [Werke in 5 Bänden. Band 3]

Sekundärquellen

Coserius, Eugenio: Geschichte der Sprachphilosophie. Tübingen: A. Francke Verlag 2003 [Band 1]

Coserius, Eugenio: Geschichte der Sprachphilosophie. Von Herder bis Humboldt. Neu bearbeitet und herausgegeben von Jörn Albrecht. Tübingen: Narr Francke Attempto Verlag GmbH + CO. KG 2015 [Band 2]

Hacker, Peter, Michael, Stephan: The Intellectual Powers. A Study of Human Nature. Wiley-Blackwell. 2013

Oelmüller, Willi / Dölle-Oelmüller, Ruth und Steenblock, Volker: Philosophische Arbeitsbücher 8. Diskurs: Sprache. Paderborn: Verlag Ferdinand Schöningh 1991

Posselt, Gerald /Flatscher, Matthias: Sprachphilosophie. Eine Einführung. Wien: Facultas Verlags und Buchhandels AG 2016

Schumann, Gunnar: „Sprachlicher Kulturrelativismus oder Universalismus? Gibt es unüberwindliche Grenzen der Übersetzung oder eine gemeinsame Sprache des Denkens?", in Buschert, Hubertus / Hillenbrandt, Frank / Schäfer, Franka (Hrsg.): *Kultur-interdisziplinäre Zugänge*, Springer. [erscheint 2018]